BEI GRIN MACHT SICH IHR
WISSEN BEZAHLT

- Wir veröffentlichen Ihre Hausarbeit,
  Bachelor- und Masterarbeit

- Ihr eigenes eBook und Buch -
  weltweit in allen wichtigen Shops

- Verdienen Sie an jedem Verkauf

Jetzt bei www.GRIN.com hochladen
und kostenlos publizieren

Bibliografische Information der Deutschen Nationalbibliothek:

Die Deutsche Bibliothek verzeichnet diese Publikation in der Deutschen National-
bibliografie; detaillierte bibliografische Daten sind im Internet über http://dnb.d-
nb.de/ abrufbar.

Impressum:

Copyright © 2016 GRIN Verlag, Open Publishing GmbH
Druck und Bindung: Books on Demand GmbH, Norderstedt Germany
ISBN: 9783668465411

Dieses Buch bei GRIN:

http://www.grin.com/de/e-book/368008/funktionen-einsatzmoeglichkeiten-und-
perspektiven-der-virtuellen-realitaet

Jie Xin, Shamil Nabiyev

Funktionen, Einsatzmöglichkeiten und Perspektiven der Virtuellen Realität. Einführung der "Virtual Reality"

GRIN Verlag

GRIN - Your knowledge has value

Der GRIN Verlag publiziert seit 1998 wissenschaftliche Arbeiten von Studenten, Hochschullehrern und anderen Akademikern als eBook und gedrucktes Buch. Die Verlagswebsite www.grin.com ist die ideale Plattform zur Veröffentlichung von Hausarbeiten, Abschlussarbeiten, wissenschaftlichen Aufsätzen, Dissertationen und Fachbüchern.

Besuchen Sie uns im Internet:

http://www.grin.com/

http://www.facebook.com/grincom

http://www.twitter.com/grin_com

Hochschule Darmstadt
- Fachbereich Informatik -

Funktionen, Einsatzmöglichkeiten und Perspektiven der Virtuellen Realität

Seminararbeit

vorgelegt von
Shamil Nabiyev und Jie Xin

Ausgabedatum: 13.12.2016
Abgabedatum: 16.12.2016

Abstrakt

Diese Seminararbeit gibt einen einführenden Überblick zum Thema „Virtual Reality". Als Virtuelle Realität, kurz VR, wird die dreidimensionale Darstellung der Wirklichkeit in einem Computer bezeichnet. Was vor einem Jahrzehnt als Science Fiction galt, ist heute in diesem interessanten Bereich schon Realität, viele Forschungsinstitute versprechen für die Zukunft neue Entwicklungen.

Um dem Leser die Grundlagen der VR näherzubringen, werden zunächst der Begriff sowie die Entwicklungsgeschichte der Virtuellen Realität erläutert. Anschließend geht es um Grundlagen der VR-Hardware sowie die Grundlagen verschiedener VR-Technologien im Zusammenhang mit der Klassifizierung von VR-Anwendungen und verschiedenen Anwendungsbereichen der VR. Im Hauptteil der Arbeit werden die wichtigsten Anwendungsbereiche sowie VR-Technologien anhand von Beispielen aus der Praxis genauer erklärt. Zum Schluss werden Ausblick gegeben sowie eine Zusammenfassung dargelegt.

Inhaltsverzeichnis

Abbildungsverzeichnis

1 EINLEITUNG

Der Begriff „Virtuelle Realität" (VR) war vor allem Anfang der 1990er Jahre in aller Munde. Aufgrund einer Verlangsamung der Forschung verschwand die Virtuelle Realität in der zweiten Hälfte der 1990er Jahre wieder aus der öffentlichen Diskussion. Doch sie dringt unbemerkt in mehr und mehr (Arbeits-)Bereiche vor. Der Begriff Virtuelle Realität wird vielfältig verwendet, doch eine klaren Definition darüber, was sie wirklich ist, gibt es noch nicht, wie schon Briggs (1996) feststellt: „There is also an ongoing debate over what virtual reality exactly is and what it is not." [Bri96] VR wird in Zukunft in vielen Branchen eingesetzt und hat das Potenzial, vielleicht sogar die Lebensweise der Menschen zu verändern. So sagt auch Briggs: „There are many potential applications for virtual reality. Virtual reality is neither good or bad. It is a new tool that will have important implications in our future." [Bri96]

Ziel der Arbeit ist es zu klären, was Virtuelle Realität eigentlich ist und womit sie sich beschäftigt. Kurzum, es wird ein Überblick über das Thema gegeben. Dazu wird zunächst auf die Herkunft des Begriffes „Virtuelle Realität" eingegangen.

Danach werden einige Definitionsansätze des Begriffs vorgestellt und darauf aufbauend eine Arbeitsdefinition und die Funktionsweise des Begriffes festgelegt. Anschließend wird die Entwicklungsgeschichte der Virtuellen Realität dargelegt, um danach auf Grundlage der Arbeitsdefinition auf Technologien, das Erleben einer VR und die darauf beruhenden Anwendungsmöglichkeiten einzugehen.

Zum Schluss werden die aktuellen Anwendungen vorgestellt, die bereits ihren Nutzen in der Arbeitswelt gefunden haben.

2 BEGRIFFSDEFINITION

Dieses Kapitel beginnt mit einer Begriffserklärung, da Virtuelle Realität, die in ganz unterschiedlichen Umgebungen verwendet wird, nicht leicht abzugrenzen ist. Und auch auf ihre historische Entwicklung soll an dieser Stelle ein Blick geworfen werden.

2.1 Worterklärung und Entstehung des Begriffs

Virtuell bezeichnet etwas, das nur scheinbar oder potenziell vorhanden ist. So definiert Jaron Larnier „virtuell" im Sinne von VR etwa als „hat keine konkrete Gegenständlichkeiten". [Lan13]

Als Realität wird etwas bezeichnet, das nicht von den Wünschen oder Überzeugungen eines Einzelnen abhängig ist und zum anderen ist Realität vor allem, was der Wirklichkeit oder den Tatsachen entspricht. [Why02]

Der Begriff Virtuelle Realität (Virtual Reality) wurde von Jaron Larnier Ende der 1980er Jahre geprägt, als dieser die damaligen technischen Entwicklungen zur Schaffung computergenerierter Lebenswelten auf einen Begriff brachte. Doch schon Mitte der 1970er Jahre hatte Myron W. Krüger in Bezug auf Entwicklungen im Bereich der 3-D-Display-Technologie den Begriff Artificial Reality ins Leben gerufen. [Why02]

Der Begriff „Virtual Reality" wurde als „Virtuelle Realität" ins Deutsche übernommen und im Nachhinein wurden die Entwicklungen der Vergangenheit dem Begriff VR zugeordnet.

2.2 Definition aus heutiger Sicht

Heutzutage wird VR als Mensch-Maschine-Schnittstelle definiert, als vom Computer erschaffene Umwelt und eine vom Computer gesteuerte Kommunikationstechnologie.

Sven Bormann definiert VR als ein „human-computer-interface where the computer and its devices create a sensory environment". [Bor94] VR ermöglicht also dem Nutzer, in eine vom Computer erzeugte dreidimensionale Welt einzutauchen. Zwischen Virtueller Realität und Cyberspace sieht Sven Bormann als wesentlichen Unterschied eine Vernetzung der Nutzer. Der Nutzer befindet sich also alleine in einer durch VR-Technik erzeugten Umwelt, ist er aber an ein Netzwerk angeschlossen, so kann er den Cyberspace betreten und mit anderen Nutzern interagieren.

Die vorliegende Arbeit versteht unter „Virtuelle Realität" eine Technik, die mittels Mensch-Maschine-Schnittstellen einen Zugang in eine „andere Welt" ermöglicht. Zunächst wird eine Darstellung der Entwicklungsgeschichte der VR vorangestellt, um die Bedeutungsvielfalt darzulegen.

2.3 Entwicklungsgeschichte

Die Virtuelle Realität ist keineswegs ein neuer Forschungsbereich. Bestrebungen, um den Betrachter in eine andere Welt zu versetzen und Immersion zu erzeugen, gab es schon vor der Entstehung der Virtuellen Realität.

Die menschliche Tiefenwahrnehmung nutzten die Maler der Renaissance zu Erzeugung von perspektivischer Illusion aus.

Mit dem Panorama wurde im 19. Jahrhundert versucht, einem 360-Grad-Rundblick zu schaffen, der das Blickfeld eines Betrachters vereinnahmte, um Immersion zu erzeugen.

In den 1960er und 1970er Jahren wurden bereits mehrere Projekte gestartet, die sich mit der Nutzung von Virtueller Realität beschäftigten.

Jedoch waren die Rechenleistungen damals unzureichend, sodass die Forschungen abgebrochen werden mussten.

1987 berichtete Thomas Zimmermann über den „DataGlove". Er und Jaron Lanier gründeten gemeinsam die Firma VPL. Lanier war der erste Wissenschaftler, der den Begriff „Virtual Reality" gebrauchte. „DataGlove" ist ein Datenhandschuh, der an der Handoberseite mit Glasfasern bestückt ist, um Fingerdaten zu erfassen. Ebenso entwickelte die Firma VPL den Datenhelm „EyePhone", eine Fortführung des Head-Mounted Displays (HMD) von Ivan Sutherland aus den 1960er Jahren. [Why02]

Die Erfindung zweier elektromagnetischer Tracker der Firma Polhemus 3Space im Jahr 1989 war ein weiterer Meilenstein. Sie ermöglichten erstmalig, ein Ziel vom

Rechner aus in einer bestimmten Entfernung zu steuern oder zu bestimmen. [DB-GJ14]

In Jahre 1995 wurde die „Augmentierte Realität" kreiert, die eine Überlagerung des mit einer Kamera aufgenommenem Realen mit dem von Rechnern generierten Virtuellen darstellt, und eine 3-D-Beschreibungssprache für das Internet, die Virtual Reality Modelling Language (VRML), entwickelt.

In Deutschland beschäftigten sich in den letzten zwei Jahrzehnten mehrere Firmen mit dem Thema VR. Insbesondere sind verschiedene Fraunhofer Institute in der VR-Forschung tätig.

Ab 1999 flaute das öffentliche Interesse an der Virtuellen Realität ab. Trotzdem findet sie vielfach Verwendung. So behauptet Briggs: „Virtual Reality is advancing rapidly, though almost unnoticed." [Bri96]

3 REALISIERUNG

Um Virtuelle Realität zu verstehen, ist es besonders notwendig, sich mit der menschlichen Wahrnehmung und mit der Hard- und Software für die Ein- und Ausgabe auseinanderzusetzen. In diesen Kapitel werden die Grundlagen der VR-Techniken anhand von Beispielen erläutert.

3.1 Immersion

Um dem Benutzer einer VR-Simulation das Eintauchen (Immersion) in die virtuelle Welt zu ermöglichen, sollten möglichst viele seiner Sinne angesprochen werden.

Der Mensch nimmt seine Umgebung über die fünf Sinne (Sehen, Hören, Riechen, Schmecken und Tasten) wahr. Dabei spielen bei menschlicher Informationsverarbeitung und bei der Kommunikation zwischen Mensch und Computer der Seh- und Hörsinn die wichtigste Rolle. Bei heutigen VR-Technologien werden die drei wichtigsten Sinne, nämlich der visuelle Sinn (Sehen), der akustische Sinn (Hören) und der haptische Sinn (Tastsinn, Fühlen) virtuell stimuliert. Der olfaktorische (Riechen) und der gustatorische Sinn (Schmecken) werden dagegen nicht berücksichtigt. Damit werden die in der virtuellen Welt dargestellten Informationen durch die Augen, Ohren und über die Haut wahrgenommen. [DBGJ14, S. 33-34]

Es werden oft unterschiedliche Eingabegeräte gleichzeitig genutzt, um eine möglichst gute Erkennung der Nutzeraktionen zu gewährleisten. Bei diesem VR-System kommen z.B. HMDs, Datenhandschuhe oder Datenanzüge zum Einsatz.

Hierbei müssen die Sensordaten in geeigneter Form so zusammengefasst werden (Sensorfusion), dass sie zum einen insgesamt plausible und sich nicht widersprechende Daten liefern und zum anderen durch die Kombination von Sensordaten unterschiedlichen Typs auch dann verlässliche Daten liefern, wenn einzelne Sensoren aufgrund von Verdeckungen nicht genutzt werden können. [DBGJ14] (Abb.3.1)

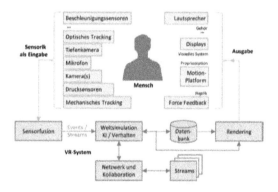

Abbildung 3.1: Überblick über die Teilsysteme eines VR-Systems
Quelle: Dörner, R. and Broll, W. and Grimm, P. and Jung, B., Virtual und Augmented Reality(VR/AR): Grundlagen und Methoden der Virtuellen und Augmentierten Realität,[S. 24]

Der Gesamtüberblick über ein VR-System ist in Abbildung 3.1 gezeigt: In Orange sind die Sensoren gezeichnet, die als Grundlage für Eingabegeräte dienen können, in Grün sind die Ausgabegeräte gekennzeichnet, welche die einzelnen Wahrnehmungskanäle adressieren, in Blau die übrigen Teilsysteme des VR-Systems. [DBGJ14]

3.2 Ein- und Ausgabegeräte

3.2.1 Positionsverfolgung (Optisches Tracking)

Für Immersions-Technik ist ganz entscheidend, dass Position und Orientierung des Benutzers der VR-Anwendung jederzeit bekannt ist. Dafür sind Positionsverfolgungs-Geräte (Tracking) zuständig. Für Positions- und Orientierungsermittlung werden verschiedene Verfahren eingesetzt, wie mechanische Verfahren, elektromagnetische Verfahren und optisches Tracking. Diese Verfahren unterscheiden sich durch die Genauigkeit der Messungen, dem Freiheitsgrad und die Realisierungskosten.

Dank hoher Genauigkeit sowie einem flexiblen Einsatz haben sich die optischen Tackingverfahren in den letzten Jahren durchgesetzt. Unter einem optischen Tracker wird die Messung der Position und der Orientierung mit Kameras verstanden. (Abb.3.2) [DBGJ14]

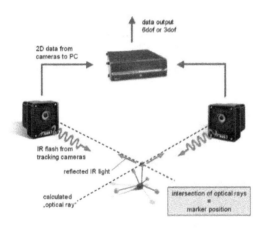

Abbildung 3.2: Kameras mit Infrarot-LEDs zur Beleuchtung und kleines Objekt mit Reflexions-Marken

Quelle:

http://www.ar-tracking.com/uploads/pics/IR-tracking_operation-principle.png

3.2.2 Handsteuergeräte (Controller, Datenhandschuh)

Neben der Positionsverfolgung werden bei VR-Systemen auch weitere Eingabegeräte eingesetzt. Als Beispiel können Controller, 3-D-Mäuse, Zeigegeräte, Datenhandschuhe gelten. Mithilfe von VR-Controllern (Abb.3.3) können Benutzer eine Auswahl treffen (analog zur Maus beim Desktop-Anwendungen), z.b. beim Spielen virtuelle Objekte bedienen, die Szene wechseln. Ein anderer Zweck von VR-Controllern ist die Verfolgung der Handbewegungen des Nutzers. Im Gegensatz zu VR-Controllern,

Abbildung 3.3: VR-Controller: HTC Vive, Oculus Touch und Playstation VR
Quelle: http://jobsimulatorgame.com/

wo Benutzer drei bis sechs Freiheitsgrade (je nach Hersteller und Modell) haben, bieten Datenhandschuhe sechs Freiheitsgrade (Abb.3.4) an und ihre Bedienung ist aus Anwendersicht naturnaher.

Wie der VR-Controller enthält ein Datenhandschuh auch Positionssensoren, mit denen sein Ort und die Orientierung im Raum bestimmt werden. Ein Datenhandschuh enthält weitere Sensoren, die dazu dienen, die Krümmung der Finger zu erfassen, um so den Griff auszuwerten. Diese Sensoren können so beschaffen sein, dass sie sogar die Kraft des Griffes messen. [PD10, S. 140]

3.2.3 Visuelle Ausgabe

Visuelle Ausgabegeräte sollen dem Anwender die virtuelle Welt so darstellen, dass er sie in der gleichen Art wahrnehmen kann wie die reale Welt. Zu visuellen Ausgabegeräten zählen große Stereo-Displays, CAVE, Head-Mounted Displays (im Folgenden als HMD). HMDs unterscheiden sich von anderen Projektions-Techniken dadurch, dass die Bilder unmittelbar vor den Augen des Nutzers projiziert werden. Die Projektion von Bildern erfolgt auf zwei kleinen Displays mit geringfügig unterschiedlichem

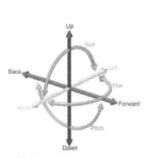

(a) Sechs Freiheitsgraden   (b) CyberGlove: Datenhandschuh mit Positions
                                   - und Finger-Tracking

Abbildung 3.4: Freiheitsgrad und Dataglove
Quelle: https://en.wikipedia.org/wiki/Six_degrees_of_freedom
Quelle: http://encyclopedia2.thefreedictionary.com/data+glove

Blickwinkel (Abb.3.5). Somit wird eine dreidimensionale Projektion der virtuellen
Welt erstellt. Durch die körperliche Nähe decken die HMDs fast das gesamte Sichtfeld des Nutzers und die Bildflächen ab.

Abbildung 3.5: Innere zwei Displays im HMD
Quelle: http://gamingdead.com/2013/09/03/oculus-rift-hmd.jpg

3.2.4 Akustische Ausgabe

Der Einsatz von Tönen in VR-Projekten verstärkt die Immersion deutlich. Mit räum-
lichen Geräuschen kann der Benutzer die Position virtueller Objekte bestimmen,

einen Eindruck über seine Umgebung und über externe Ereignisse erhalten. Der Nutzer erhält auch Feedback über eigene Aktionen. Mit Toneffekten können besonders die Ereignisse dargestellt werden, die außerhalb des Sichtfelds des Nutzers bleiben. Akustische Ausgabegeräte sind Stereo-Kopfhörer, Mehrkanal-Tonsysteme (Surround-Sound 5.1). [Bri08]

3.3 CAVE (Cave Automatic Virtual Environment)

Die CAVE ist ein Raum zur Darstellung einer dreidimensionalen Illusionswelt einer Virtuellen Realität. Sie besteht aus fünf festen, senkrecht stehenden Projektionsebenen. Auf diese Flächen und Wände des Raumes werden 3-D-Bilder geworfen, so dass der Anwender annimmt, wirklich mitten in einer virtuellen Umgebung zu stehen. Sie werden mit VR-speziellen Eingabegeräten kombiniert, um einen ausgesprochenen hohen Immersionsgrad zu erreichen.

Das Ziel ist es, eine natürliche Bewegung zu erreichen, daher trägt der Nutzer nur Datenhandschuhe mit integrierten Positionssensoren. [Hei11]

Durch die Verwendung von mehreren Leinwänden ist ein großes Sichtfeld für die Benutzer realisierbar und die Darstellung der virtuellen Welt auf der Leinwand wird kontinuierlich seinen Bewegungen angepasst. (Abb.3.6)

Abbildung 3.6: CAVE (Cave Automatic Virtual Environment)
Quelle: http://www.visbox.com/wp/wp-content/uploads/2016/01/c4-t3x-sw-600.png

4 ANWENDUNGSBEREICHE

In vorherigen Kapitel wurde schon durch Beispiele verschiedene Ein- und Ausgabegeräte und deren Funktionsweise erklärt. Der folgende Abschnitt gibt einen Überblick über verschiedene Einsatzgebiete von VR.

4.1 Unterhaltung

Ein wichtiger wirtschaftlicher Aspekt von VR-Anwendungen ist die Unterhaltungsindustrie. Die Industrie hat Interesse daran, preiswerte VR-Systeme für private Haushalte zu entwickeln und somit möglichst viele Menschen zu erreichen. Der beste Beispiel eines solch preisgünstigsten Systems ist das Head-Mounted Display (HMD). Wie in anderen Bereichen ist zu erwarten, dass über die Erschließung des Heimmarktes die Hardware-Preise für VR-Systeme fallen werden. [Wae13, S. 29]

Es wurden von den wichtigen Game-Studios (Sony, Ubisoft, Valve etc.) bereits zahlreiche VR-Video-Spiele entwickelt.

Neben Spielen sind die VR-Plattformen voll mit Anwendungen aus den Bereichen VR-Filme, Musik, Sport, Live-Konzerte. Als HMD-Entwickler hat Oculus sogar sein eigenes kleines VR-Film-Studio (Oculus Story Studio).

4.2 Ausbildung

Anwendungen der Virtual Reality haben sich auch in der Flugausbildung, im Militär und in der Medizin durchgesetzt. Flugsimulatoren bieten zukünftigen Piloten die Möglichkeit, eine Vielzahl von Flugverfahren und Notsituationen zu trainieren, die im realen Flugzeug nicht möglich wären. Eine militärische Anwendung von „Virtual Reality" ist das Training von Soldaten für Kampfeinsätze. In der Medizin ergeben sich ebenfalls Einsatzmöglichkeiten im Trainingsbereich. Ärzte und Medizinstudenten können chirurgische Operationen in einer Virtuellen Realität gefahrlos für die Patienten lernen, üben und planen. Pflegepersonal kann den Umgang mit Patienten trainieren. [DBGJ14, S. 10]

5 AUSBLICK UND ZUSAMMENFASSUNG

VR ist bis heute nicht einheitlich definiert. Dem Begriff kann sich aus technologie-zentrierter Sicht genähert und darunter Computersysteme verstanden werden, die immersive und interaktive Umgebungen durch entsprechende Hardware aufbauen. VR kann aber auch als Methode beschrieben werden, Nutzern die Erfahrung der Inklusion in einer scheinbaren Wirklichkeit zu vermitteln. [Gra03]

Die Darstellung der Geschichte der Virtuellen Realität hat gezeigt, dass die in der Wortdefinition gezeigte Bedeutungsvielfalt auch in den historischen Entwicklungen zu finden sind.

Die eigentlichen VR-Technologien dienen als Mittel zum Zweck, um den Nutzer in eine „andere Welt" zu entführen und dort den Aufenthalt zu ermöglichen.

Der Ziel ist es nicht unbedingt, eine perfekte Virtuelle Realität zu erreichen, in der Virtualität und Realität nicht mehr unterschieden werden können.

Ziel ist vielmehr, durch die Ausnutzung von menschlichen Wahrnehmung virtuelle Umgebungen für Menschen zu erschaffen und somit das Gefühl der Präsenz in einer Virtuellen Realität zu vermitteln.

Dies kann unterschiedlichen Zwecken dienen: der Forschung (z.B. der menschlichen Wahrnehmung), der Ausbildung, der Unterhaltung, der Visualisierung von Simulationsergebnissen. Mit VR wird prinzipiell der Zweck verfolgt, eine innovative Schnittstelle zwischen Mensch und Computer aufzubauen.

Wie in dieser Arbeit dargestellt wurde, gibt es schon heute zahlreiche interessante Projekte, die in den unterschiedlichsten Bereichen von VR-Technologie eingesetzt werden. Die technischen Weichen für einen Siegeszug der VR in vielen weiteren Feldern sind gestellt.

Literaturverzeichnis

[Bor94]   S. Bormann. *Virtuelle Realität: Genese und Evaluation.* Addison-Wesley, 1994.

[Bri96]   John C. Briggs. *The Promise of Virtual Reality., Vol. 30.* 1996.

[Bri08]   M. Brill. *Virtuelle Realität.* Informatik im Fokus. Springer Berlin Heidelberg, 2008.

[DBGJ14] R. Dörner, W. Broll, P. Grimm, and B. Jung. *Virtual und Augmented Reality (VR / AR): Grundlagen und Methoden der Virtuellen und Augmentierten Realität.* eXamen.press. Springer Berlin Heidelberg, 2014.

[Gra03]   O. Grau. *Virtual Art: From Illusion to Immersion.* Leonardo (Series) (Cambridge, Mass.). MIT Press, 2003.

[Hei11]   A.M. Heinecke. *Mensch-Computer-Interaktion: Basiswissen für Entwickler und Gestalter.* X.media.press. Springer Berlin Heidelberg, 2011.

[Lan13]   J. Lanier. *Who Owns The Future?* Penguin Books Limited, 2013.

[PD10]   B. Preim and R. Dachselt. *Interaktive Systeme.* Number Bd. 1 in EXamen. press Series. Springer Berlin Heidelberg, 2010.

[Wae13]   A. Waehlert. *Einsatzpotentiale von Virtueller Realität im Marketing.* Deutscher Universitätsverlag, 2013.

[Why02]   J. Whyte. *Virtual Reality and the Built Environment.* Architectural Press, 2002.

www.ingramcontent.com/pod-product-compliance
Lightning Source LLC
LaVergne TN
LVHW042320060326
832902LV00010B/1620